AF480383

Cuatro cuentos recientes
sobre las relaciones de Panamá con los
Estados Unidos.

Raúl Altamar Arias. Pedro Crenes Castro. Javier Medina
Bernal. Berly Denisse Nuñez Pitty.

Cuatro cuentos recientes

sobre las relaciones de Panamá con los
Estados Unidos.

Editorial Fuga

Raúl Altamar Arias. Pedro Crenes Castro. Javier Medina Bernal. Berly Denisse Nuñez Pitty.

Cuatro cuentos sobre las relaciones de Panamá con Estados Unidos / Pedro Crenes Castro et al. – Panamá: Editorial Fuga Editor, 2016.

87 p.; 21 cm.

ISBN 9789962691433

Coordinación de edición: Carlos Wynter Melo.

Fotografía de portada: fotolia.com

Diseño: Alejandra Zuno

Panamá, 2016

ÍNDICE

*A los estadounidenses y panameños que hicieron lo
necesario para que la historia avanzara.*

La historia es la novela de los hechos, y la novela es la historia de los sentimientos.

Claude Adrien Helvétius

El único deber que tenemos con la historia es rescribirla.

Oscar Wilde

Prólogo

Los cuentos, más que otras creaciones literarias, pueden desentrañar verdades que las rutinas leves, por inmóviles, sepultan. Son ellos los que nos sumergen en aguas de apariencia calma para descubrir los peces que importan. Son concentración puntual; la fuerza toda del universo no cae como la palma de una mano, sino que es un dedo que señala precisamente.

Además, si a algo nos debemos los escritores de ficción es a la historia humana intangible, porque lo intangible es una sospecha y, en el mejor de los casos, lo intuido: lo intangible es la ficción misma. Nuestras evidencias para ello son, pues, lo soñado; las pistas de nuestras búsquedas, la reflexión y el silencio.

Panamá y Estados Unidos. Más de cien años de historias retratan esta relación. Conviene, sin duda, el camino de lo ficticio. Lo demás no retrata nada: los hechos son la apariencia del agua y no el agua.

Desde 1914 y hasta 1999, existió la llamada Zona del Canal de Panamá, pero su geografía es irrelevante y lo que realmente nos marcó fueron las percepciones que creamos, tanto panameños como estadounidenses que vivieron en aquel territorio improbable. ¿Qué significó el singular destierro de los zonians? No se fueron de su patria, sino que su patria, de algún modo y para siempre, se fue.

En 1989, el ejército de los Estados Unidos de Norteamérica invadió Panamá, pero el humo de las bombas se disipó y se construyeron nuevas edificaciones donde quedaron ruinas, y lo que perdura es el dilema de lo que recordamos. No hay culpables e inocentes en las resoluciones psicológicas: lo que somos solo es. De modo que este libro es necesario y oportuno. Cuentos recientes sobre una historia centenaria que sigue estando a flor de piel.

En estas páginas participan cuatro narradores de relativa juventud. Raúl Altamar ha publicado tres libros que demuestran su aguda mirada; el primero es de ensayos y cuentos, En libertad editorial, publicado por FUGA Editorial en 2010, y los dos que siguieron son de ficción, Purgatorio tropical, en 2013, y En vida real, en 2014. Todos orbitan alrededor de vivencias curiosas que ocurren en la franja más estrecha del territorio latinoamericano. Altamar Arias nació en México en 1978 y radica en Panamá desde 1985. Vivió la ocupación estadounidense que terminó en 1999. En esta colección se ha incluido un fragmento de su cuento Zonificado, que es parte de su segunda publicación.

Pedro Crenes nació en Panamá en 1972 y radica en Madrid, España, desde 1990. Pedro tiene mucho camino andado como lector y reseñista literario. Colabora con el suplemento cultural "Día D" del periódico El Panamá América y la Revista Literaria Maga. En España, ha escrito para El Placer de la Lectura, Papel en Blanco y Revista de Letras. En la actualidad, colabora con Otro Lunes y Literofilia. Con esto ha construido base firme para su escritura, la cual ha sido reconocida en varias ocasiones. Ha publicado un libro de cuentos, El boxeador catequista, y uno de microcuentos, Microondo. Aquí presenta una narración inédita, Silent Night, que trata de la noche de la invasión de los Estados Unidos de Norteamérica a Panamá.

Javier Medina B., como Altamar, nació en 1978. Ha merecido en dos ocasiones el máximo galardón nacional de las letras, el Premio Ricardo Miró del Instituto Nacional de Cultura, al cual debe la aparición de sus dos libros: Hemos caminado siglos esta madrugada, de poesía, y No estar loco es la muerte, de cuentos. Tiene, además, una importante carrera como músico. Suma a esta compilación su cuento inédito Victorio y Libertad, una original historia sobre las venganzas que el

20 de diciembre de 1989, día de la infausta invasión, podría haber provocado.

Berly Denisse Núñez Pitty, la más joven del grupo, nació en 1991. Mereció recientemente el Premio del IV Certamen de Cuento Breve Centroamericano Carátula, de la revista del mismo nombre, y participa con el cuento ganador en esta selección. Nuñez Pitty está terminando estudios de Medicina en la Universidad Latina de Panamá. Su narración se asoma a lo religioso y cultural, a las diferencias entre naciones, unas veces, cercanas, y otras, distantes.

Creo que el panorama que resultó es afortunado. Estos cuatro cuentos, escritos por autores que no llegan a los cuarenta y cinco años, dan una visión renovada de lo que ha sido las relaciones con los Estados Unidos para los panameños. Es más, por los variados enfoques y tratamientos del tema, acaba siendo inesperada. Que disfruten estos cuatro cuentos recientes…

Carlos Oriel Wynter Melo

Identidad nacional y literatura (introducción)

Uno de los temas más repetidos en el cuestionamiento de la identidad panameña es su relación con los Estados Unidos, decisiva para la independencia de Colombia y la formación de la república. Aportadores de ingeniería, conexiones y dinero, y siempre logrando un beneficio alto por todo lo que dejaban, los Estados Unidos no se establecieron en Panamá, sino que hicieron que el país fuera parte de ellos. Desde la república bananera en Chiriquí hasta la franja que fue la Zona del Canal, con bandera y leyes gringas, que en los mapas se reconocía como un filo extranjero que había cortado en dos el país, el único poscolonial (aparte de pequeños territorios no significativos) sin continuidad territorial continental, aunque sí política.

En la Zona surgió una etnia híbrida especial y muy poco aireada, habitante de un país que no duró cien años en un régimen políticosocial sin propiedad privada y financiado por el Departamento de Defensa estadounidense, una de las primeras y la más estable de las experiencias comunistas exitosas, demostrándose de nuevo la belleza de las paradojas.

Parte del territorio panameño fue legalmente Estados Unidos, el gran vecino del norte que había venido a liberar al país, y que construyó el Canal, sí, pero el Canal era suyo, el gentilicio «de Panamá» solo era una orientación inexacta (estaba en la Zona y, esta, en EE. UU.) a la hora de situarlo en el mapa, y el canal que unía al mundo separaba un Panamá del otro. No se hizo ningún regalo, nada hay de lo que sentir orgullo: no hubo panameños en la construcción del ferrocarril —primera gran maravilla de ingeniería— ni los hubo en la del Canal.

Ningún país como los Estados Unidos ha transformado tanto y tan extraordinariamente esta tierra y a su gente, y lo sigue haciendo, pero en la distancia y a través de las brasas que ha dejado. Aunque los panameños no participaron en las grandes obras, muchos trabajadores de ellas no regresaron a sus casas, se establecieron en Panamá y trajeron a sus familias: hoy componen una parte esencial de la diversidad étnica y cultural. Ellos sí sienten ese orgullo, y también el nacional que, tras una larga lucha territorial, consiguió que el Canal y la Zona pasaran a ser parte de su patrimonio por derecho.

La influencia en el idioma, en algunas costumbres, en puntos de vista y formas de vida es, también, muy grande. Hubo gente que se acostumbró a las grandes propinas que les daban los norteamericanos y ahora les aplican el mismo tratamiento a los turistas, así como hubo quienes se acostumbraron al trabajo bien hecho y hoy son superproductivos. No busquemos en estas líneas cuestionamientos morales, solo las visiones de cuatro autores jóvenes que vivieron el país después de 1979, con la reversión de territorios, la mirada puesta en el futuro y un pasado lleno de leyendas y mártires, pero pasado al fin.

¿Por qué la literatura para abordar un tema histórico? A quienes escribimos como manera de actuar con el mundo que nos rodea, nos parece el camino más lógico. Hay quienes escriben para no enloquecer y quienes, cuando muere su amor, no encuentran ningún motivo para seguir escribiendo. En cualquier caso, las letras son nuestra vía hacia la comprensión, la aceptación, la abstracción de la materia.

La literatura es un camino válido para comprender la historia, tal vez no para alcanzar la realidad, pero esta solo es perceptible como tal en su desarrollo, en el presente; acabado este, la realidad (plural, quizá inalcanzable) se esfuma. En ocasiones, la literatura es el único camino viable para transmitir al gran público el sentido general de la historia, pues surge de la experiencia personal, del sentimiento y de la interpretación. Falsea la realidad, como no podía ser menos, y reinterpreta lo sucedido desde la óptica del escritor, más acertado mientras más documentado, pero nunca errado: aseguró Wittgenstein que en el lenguaje no existe la mentira si no existe previamente la verdad, y todos sabemos que la verdad histórica no existe. Hemos podido asistir a la descarada reconstrucción de algunos episodios internacionales por las grandes maquinarias de la comunicación, haciéndonos ver que algunas guerras crudelísimas e injustas fueron necesarias, que algunos pueblos pidieron ser invadidos (y no solo algunos deshonrosos nacionales que ansiaban el poder) y tantas otras obviedades que han pasado a los libros de texto en versiones actualizadas de Caperucita y el lobo.

Enterrados y llorados aquellos que partieron, la vida sigue, y los ideales por los que una vez hubiéramos dado nuestra sangre hoy son frases pintadas con espray a lo largo de alguna avenida —siempre vigilantes de que no llegue la policía— o versos. El Municipio acalla las pintadas con pintura gris encima, pero no puede nada contra los versos, ni aunque estén en prosa.

A veces el escritor es el único contacto con la historia. Nuestro cuerpo no es el límite de nuestras sensaciones, pero nuestros datos sí. Hay verdades que un historiador no podría asegurar, pero sí un cuentista, más perceptivo y libre: mucho, mucho más exacto.

Cuatro serán, seguramente, pocas muestras para una definición nacional, pero sí son suficientes patas para un banco, paredes para una habitación, y evangelistas. Está bien, con solo cuatro nadie nos acusará de monopolizar la visión nacional. El resto, como siempre, es dominio de los lectores.

Álvaro Valderas

Zonificado
(Fragmento)

Raúl Altamar Arias

I

En la casa club de la Logia de los Elks, un edificio de madera construido hace más de ochenta años en la entrada de La Boca, en Ancón, los ex alumnos que pudieron llegar a la reunión de la generación de 1978 de Balboa High School iban llenando el apiñado espacio. En una esquina Shorty & Slim tocaban *"Life on Mango Street"* con su sabor a calipso y letra en espanglish, y en la alargada barra el antiquísimo Wellington Summers, el único negro en el lugar, despacha *rum & cokes* y cervezas como ha hecho desde antes de que todos los presentes nacieran en alguno de los varios hospitales de la hoy extinta zona del canal.

Tomando una *ginger ale* con hielos, ya que las medicinas para su pierna le impedían terminantemente tomar alcohol (aunque él desobedeciera de vez en cuando), Ben Wheeler miraba a sus compañeros llegar desde una distancia sentado en la barra asimilando la escena, y esperando el momento para adentrarse en ella. En clásico estilo *zonian*, todos se comunicaban en fluido inglés americano salpicado por un acento tropical panameño, lanzando expresiones típicamente locales de vez en cuando.

—Benjamin Wheeler, ¿eres tú? No te había visto desde la *Ocean to Ocean* del '93. ¿Cómo carajo estás?

Era Miranda Anderson, la hija del Coronel Anderson y esa chica del grupo que organiza y conoce a todos. De ella él recordaba su melena rubia estilo Farrah Fawcett y su discurso de graduación, en el cual, entre otras cosas inspiradoras, mencionó algo en contra de la música disco. Desde 1993 Ben había subido 112 libras y perdido aproximadamente el 50% de su cabellera.

—Mierda, Miranda, ¡hola! Sí, sí, me acuerdo de verte en la carrera. Ese año ganó *Gringo Canoe*, creo yo. ¿Cómo están tus hijos? ¿Eran dos, no?

—Bien, y ahora son tres. La mayor, Carey, vive en New York y trabaja en mercadeo; Charley, el de en medio, está terminando de estudiar en FSU en Tallahassee y tuve otra niña que está terminando la secundaria en Saint Mary's. ¿Tu también tenías un hijo, cierto?

—Sí, Josh. Puedes creer que, de todas las cosas, entró a la Fuerza Aérea y es mecánico de aviones. Estudió ingeniería.

—Bueno, ingeniero igual que su padre, que también estuvo al servicio de las fuerzas armadas si mal no recuerdo.

—Sí, sí, pero era distinto. Yo no estaba dentro de la vaina. Pero oye, ¿ese no es Richard Drake, que le decíamos Kojak? ¿Tiene puesta una peluca o son implantes?

—Wao, a él sí tenía tiempo de no verlo. Y parecen implantes, si me preguntas.

—¡*Wheeler Dealer*! ¿Cómo estás cabrón? ¿Tienes un poco de verde contigo? Guiño guiño. ¡He he he!—Les interrumpió de repente Chuck Buckley, otro de los chicos cuya cintura se había inflado proporcionalmente con el paso de los años.

—Los dejo para que se pongan al día. ¡No olviden poner su email en la lista!—Y con eso Miranda se perdió entre el resto del grupo, que bailaba como solo los blancos pueden cuando intentan mover sus caderas ante ritmos isleños.

—Vaya, Chuck, ¿todavía fumas *joints*? ¿Que no te dio cáncer o algo así?

—Pero fue de piel, no de pulmón. Y sabes que la marihuana ayuda contra la náusea de la quimioterapia. Aunque a mí no me hicieron quimio, pero ese no es el punto. ¿Y…a qué te dedicas ahora? ¿Ya dejaste la ingeniería del todo?

—Bueno, más o menos. Hago un poco de asesorías aquí y allá a pequeñas empresas, pero los cayucos ocupan la mayoría de mi tiempo ahora.

—Cierto, algo de eso había escuchado. Unas amiguitas de mi hijo han competido en la carrera y bueno, tú sabes, que los cayucos siempre jalan a las chicas deportivas y sexys.

—¿Me estás diciendo que has lujuriado a las amigas de tu hijo adolescente? ¿Acaso no tienes pena? ¡Eso te hace un viejo verde ahora!

—Ah, tu sabes, uno puede ver, pero no tocar. ¡He he he!

Ben había asistido a la reunión después de días de darle vuelta al asunto. Al final decidió ir porque, aparte de no tener nada que hacer en ese particular sábado en la noche, quería ver si los demás estaban tan jodidos como él se sentía. Las últimas décadas no lo habían tratado muy bien que digamos. Primero, a finales de los ochenta, estuvo el divorcio de la mamá de Josh, una gringa muy echada pa'lante a la cual le costó seguirle el paso personal y profesionalmente; se conocieron durante sus años de *college* en Maryland, el estado de la familia materna de Ben, y tuvieron un hijo que sacó lo mejor de ambos y que crecería en *America* donde las oportunidades nunca le faltarían. Luego, en 1999, vino el traspaso de la zona del canal y el retiro de la infraestructura militar del Comando Sur y la vida de muchos como él cambió para siempre, llenándose de una alegría enorme y una profunda decepción en igual medida. Poco después pasó el accidente: un remolque defectuoso, un macizo y pesado cayuco, dos huesos rotos en una pierna y un dolor casi garantizado de por vida. Los problemas con Big Lou, como es conocido su viquingüesco padre con el cual aún vive en una deteriorada casa en Gamboa, son una constante que ha hecho metástasis en su sistema y que sabe solo acabará cuando el progenitor fallezca, aunque lamentablemente el gruñón ex contratista de plomería para los militares tenía la manía de seguir viviendo. La muerte de su mamá en un aparatoso accidente en la entrada hacia el club de golf de Horoko, en el que un camión cargado de plátano macho perdió el control causando que dos carros se estrellasen contra él y tres personas fallecieran, de hecho, había sido la tragedia más fácil de asimilar en toda su vida, aunque hasta el sol de hoy odiaba a los golfistas tanto como a los patacones.

Viendo la divertida y ligeramente patética escena de la reunión de la Clase del '78 de Balboa High, en la que casi nadie estaba eximido de alguna situación incómoda en sus vidas, o por lo menos comprometedora, y en la que prácticamente todos se estaban emborrachando ciegamente como los indios cholos que criticaban con descarado racismo, Ben tomaba *ginger ale* tras *ginger ale* y recordaba una cosa curiosa que una vez le dijo su padre: "Que bueno que tu mamá no vivió para ver la mierda en la que vivimos ahora; ¡con eso de que siempre insistió en seguir siendo católica, hoy diría que estamos como en un purgatorio tropical!".

—Ah, Ben, Ben, siempre tan *fucking* meditativo. ¡Relájate, *man*, tómate un trago!—La cara de Chuck estaba roja, al igual que sus ojos, y haciendo espacio para colocarse junto a Ben, apoyándose con una mano en su hombro para balancearse, con la otra sostenía un vaso sudado e iba señalando y dando sus impresiones de algunos de los presentes —¡No pienses en tus problemas ahorita, Ben! Digo, la vida es una mierda y todos aquí lo sabemos: mira a Terry Clark allí bailando con Mindy Sherman, los dos recientemente divorciados y ahora sobándose como lo hicieron en tercer año; creo que Terry perdió su casa y Mindy la custodia de su adorado perro, pero ahorita mismo no están pensando en eso; o fíjate por allá, ¿ves a esas dos gordas en la esquina secreteando? Sí, son Lorraine y Michelle, las más bochinchosas de la clase si bien recordarás, pero te apuesto un dólar a que en este momento están hablando de la doble mastectomía que una de ellas tuvo el año pasado y que más o menos disimula con un brassiere especial. Y ya se fue, así que no hay problema: ¿viste a Sammy Jonhson? ¿Puedes creer que sigue en vainas sucias traficando coca desde Colombia en sus lanchas? Lo peor es que con el tiempo ha comenzado a consumir su propio producto y eso nunca es bueno; pensé que se había dejado de esas andanzas en los noventa. Pero *hey*, ¿sabes de qué me acabo de enterar y de lo cual no tenía idea? ¿Te acuerdas de Miss Gross, la *teacher* de química del último curso? ¿La que se parecía a esa actriz de porno Kay Parker que salía en Taboo? Pues ella se regresó a los *states* como todos los demás en el '99, pero me estaba diciendo Michael Torres que hace unos años ella vino de vacaciones y él pasó un rato con ella porque sus mamás eran amigas, y resulta que fueron a un restaurante peruano, ella se comió un ceviche o algo por el estilo y cuando se fue de vuelta a casa, casi bajando del avión, se desmayó y estuvo en coma una semanas hasta que murió en el hospital; resulta que el pescado tenía una bacteria rara que le hizo una reacción loca en su cerebro, una de esas vainas que le pasan a dos o tres en un millón, ¡y *puff*, se fue! Es una ironía si lo vez desde cierto ángulo.

No sabía si reír o llorar, pero de repente Ben sintió que había llegado la hora de irse a casa.

Silent night

Pedro Crenes Castro

Para los panameños que desde el 20 de diciembre de 1989
no han vuelto a tener una noche de paz.

"…sleep in heavenly peace,
sleep in heavenly peace".
Joseph Mohr
Silent night

"Ahora ya somos todo aquello contra lo que luchamos".
Ignacio del Valle
Soles Negros

Silent night, holy night!
All is calm, all is bright.

El coro del Ejército de los Estados Unidos quebró el silencio. De la nada, *acapella*, aquellas voces viriles comenzaron a trepar por la emocionada sensibilidad navideña de las trescientas personas que asistían a la recepción que el Presidente de los Estados Unidos de América ofrecía en la Casa Blanca, la tarde—noche del 19 de diciembre de 1989. *Silent night* dibujaba la Navidad en la nostalgia, con voz templada, escondiendo en su letra un paradójico presagio…

Pero antes de aquella emoción, lo más comentado fue su corbata verde y roja. George H. W. Bush, cuadragésimo primer presidente de los Estados Unidos, se movía confiado y sereno entre sus invitados. El secreto que llevaba guardando tres días, estaba más seguro entre árboles, lucecitas y villancicos.

Estrechaba manos, sonreía cordial recordando los informes de inteligencia que había leído el domingo 17 por la mañana y que confirmaban que Noriega se había pasado de la raya. Mantuvo la compostura –el hombre tranquilo en acción–, ante los niños que visitaban la Casa Blanca para cantar con él villancicos y tomar un pequeño refrigerio. Bárbara había hecho preparar el árbol de Navidad del Salón Azul con el tema *"Story book"*, "¿no es hermoso querido?", pero por la tarde, despedidos sus invitados, se reunió con sus hombres de confianza. El problema no hacía más que crecer y había que darle solución definitiva.

Round yon Virgin, Mother and Child.
Holy infant so tender and mild,

Pero antes de aquellas voces solemnes, premonitorias sin querer, George H. W. Bush sonreía contenido, sabiendo que el mayor movimiento de tropas desde la guerra de Vietnam se efectuará en unas horas y que el Congreso no lo sabrá hasta las diez de la noche, tres horas antes de la hora H, la 1:00 a.m. del día 20 de diciembre de 1989. Trescientos invitados para estrechar manos y hacerles sentir especiales y ganar tiempo. Periodistas, senadores, políticos, empresarios, deportistas, blancos, negros, latinos… *"God bless America"*, pensaba, y seguía saludando, "¡bonita corbata Señor Presidente!", le piropeaban, "tú tampoco estás mal", respondía chistoso, camuflando con talente festivo "el secreto", durante su primera Navidad en la Casa Blanca como "el hombre más poderoso de la tierra".

Pero alguien dijo tenerle cogido por lo huevos…

Sleep in heavenly peace,
Sleep in heavenly peace

Recordó otra vez la reunión del domingo por la tarde, mientras las notas y las voces del villancico flotaban en la estancia. Los uniformes del coro del Ejército contrastan en su mente con el uniforme de fatiga que 20.000 unidades vestirán esa noche. La emoción de la música le recordó a Bing Crosby…

Powell, Cheney, Scowcroft, Fitzwater, Baker, Quayle… repasó sus nombres para la historia y sus caras circunspectas y graves trazando posibilidades, albergando silencios de conciencia, recordando fracasos, buscando éxitos rotundos.

Se había convertido en un experto en disimular lo de Noriega, llevaba más de una década aguatándole, viéndole irse a la cama con unos y otros, sabiendo que pagarle no era comprarlo. Vaciló en llevárselo por delante cuando el golpe militar del 3 de octubre, "no fue idea nuestra", se lo juraba y prometía a sí mismo y a los periodistas que le preguntaban, "fue cosa de los panameños, no sabíamos nada", y se acordó del Senador Boren y de aquello de las manos manchadas de sangre y la falta de coraje, de lo de la inacción, "sabíamos lo del golpe", se confesó consigo mismo, pero no, no podía ser así de simple, y ya llevaban meses creándose una alternativa militar mejor que esa, porque un golpe desde dentro no les servía, demasiada basura regada en el patio, necesitamos una opción global y definitiva.

Silent night, holy night!
Shepherds quake at the sight.

En la sala, radiante y emocionada, Maureen Dowd del New York Times esperaba el saludo del Presidente, pero George H. W. Bush, prefería dejarla para el final…

Le confirmaron que serían los dueños de la noche, que los ejércitos de los Estados Unidos de América, por tierra, mar y aire caerían sobre Noriega y sus secuaces y se garantizaría la paz, la seguridad y la democracia; las vidas de los estadounidenses estarían a salvo. No volverían a llamarlo "blando", no dejarían que otro error los pusiera en jaque ante la opinión pública. Acabarían con el hombre, el mundo dormiría mejor cuando acabaran con el dictador, aunque eso significara matarse un poco, o mucho, a ellos mismos.

Volvió a recordar el domingo.

Las horas pasaban y el secreto seguía seguro.

El ejército de voces masculinas que transformaban la inquietud en santa serenidad, bordeaba las palabras del villancico con estudiada ternura.

—Asesinaron al teniente Paz, golpearon y torturaron al teniente Curtis y a su mujer la amenazaron con abusar sexualmente de ella, nos ha declarado la guerra… ¡Ya está bien! −, levantó la voz el hombre tranquilo, y quiso sentir sus huevos menos apretados por la mano del monstruo que habían construido entre todos, su pesadilla recurrente…

−La mejor opción −argumentaban sus consejeros− es una operación especial de captura del hombre con apoyo de las tropas convencionales en Panamá. Limitamos las bajas y guardamos el secreto.

−Nadie me asegura que nuestras unidades den con Noriega −zanjó George H. W. Bush el domingo por la tarde−, se mueve más que un frijol saltarín mexicano…

−Entonces usemos los 12.000 soldados que ya están allí −siguieron dándole al Presidente más posibilidades−, cogemos al tipo y a sus secuaces y mantenemos el secreto a medias. Reducimos las bajas considerablemente…

− ¿Y las amenazas contra el Canal y las posibilidades de una lucha prolongada fuera de la Ciudad de Panamá? No queremos vernos metidos en una guerra de guerrillas…

Bush y Powell se miran.

—Señor, la única opción viable de verdad, y que va a garantizar quitarnos de encima a Noriega, es utilizar la fuerza masiva. —Colin Powell se levantó y fue al mapa de Panamá con flechas que señalan lugares estratégicos—, así terminaremos con esa gente de una vez por todas y le ofreceremos a la opinión pública un éxito rápido…

—Señor Presidente, no podremos guardar mucho tiempo el secreto…

George H. W. Bush cavila.

—Y las bajas se multiplicarán…

Sigue cavilando en silencio.

—Pero nos evitaremos un fracaso, seguro —ataja cualquier dilación estratégica Powell.

Durante media hora Bush interrogó a Collin Powell, su recién nombrado Jefe del Estado Mayor Conjunto del Ejército: ¿qué clase de equipo necesitamos? ¿Se podrá transportar sin que Noriega se entere? ¿Qué tropas necesitaremos? ¿Podremos capturar a Noriega en cuanto comience la invasión?

—Tienes que asegurarme que no nos pasará lo de *Desierto Uno*, ni lo de Grenada…

Hubo discrepancias entre los consejeros, idas y venidas a los fracasos, ajustes de posibilidades, no se ponían de acuerdo…

George H. W. Bush, escucha *Silent night*, y se emociona al pensar que un nuevo amanecer se cernía sobre todos, que por la gracia de Dios todos los fracasos de antaño serían despejados, que por fin pondría sobre la mesa de la opinión pública el éxito bélico que la Nación necesitaba.

El coro del Ejército de los Estados Unidos de América había comenzado a cantar *Silent night*. El silencio se hizo, y George H. W. Bush recordaba la reunión del domingo.

Las aguerridas voces *acapella* de aquellos hombres templaban la noche y emocionaban. Voces desde las trincheras, voces de padres, de hijos, de hombres que se marchan hacia una noche sin silencio, donde la paz celestial de los durmientes se verá arrasada para siempre por una decisión, la de un hombre que persigue a otro, la de un hombre que no se detendrá ante nada con tal de acabar con una pesadilla que él ayudó a elaborar. Y en el aire, las voces ocupando el silencio, venciendo el tedio del presente, deteniendo en el alma lo cotidiano para devolver a los presentes a un sitio único de libertad: la infancia. George H. W. Bush, mastica su secreto, y en sus lentes de siempre se reflejan las luces del escenario y se toca la corbata verde y roja tan piropeada, junto a una Bárbara Bush vestida de rojo, al borde mismo de la emoción, todo es hermoso, las luces, la recepción, la tarjeta de Navidad deseando a todos amor y paz desde la Casa Blanca, los invitados glamurosos y el árbol de Navidad del Salón Azul... "es mi decisión como Presidente de los Estados Unidos", consciente de su deber como comandante en jefe, como salvaguarda de las vidas de sus compatriotas que no deberían correr la suerte del asesinado teniente Paz ni sufrir los golpes y amenazas como el teniente Curtis y su esposa. Y restablecer la democracia en Panamá, esto le supo a cobre en los labios de su conciencia, y pensó en Noriega y lo harto que estaba de él y en que por fin se lo iba a quitar de encima, y recordó su reunión del domingo...

Los aplausos devolvieron a todos al presente de aquel 19 de diciembre de 1989.

Siguió estrechando las últimas manos. En unas horas el Congreso lo sabría todo.

Maureen Dowd, por fin la última de los invitados, recibió el apretón de manos del Presidente y tenía para él una pregunta sobre Panamá –ya sabía algo–, pero la emoción festiva del acto la hizo dejar su pregunta para otro día: una noche de paz quedaba por delante.

"La hora de los aficionados ha terminado", volvió George H. W. Bush a la reunión del domingo:

–De acuerdo, vamos a por él –resolvió.

Miró a Powell y le dijo, con mucha calma–: Lo haremos.

Mientras recordaba, a esas horas, volaban hacia la noche panameña aviones cargados de paz.

Libertad y Victorio.

Javier Medina Bernal

A la memoria de Anel Medina, uno de los miles de civiles asesinados durante la llamada Causa Justa.

Libertad y yo, que me llamo Victorio en honor al acordeonista y al primer verso del himno nacional, teníamos en común, aparte de ser panameños, jóvenes y caminar la vida con sangre en los ojos, el haber perdido a familiares en la invasión de 1989. Ambos, pues, como es de suponer, queríamos venganza. Por supuesto que no nos íbamos a poner a tirarle piedras a la embajada gringa, ni mucho menos a forrarnos el cuerpo con bombas para luego explotarlas en lugares públicos en donde hubiera un montón de gringos despistados de la vida, además de que, todo hay que decirlo, ni Libertad ni yo teníamos vocación suicida. Entonces, ¿qué hacer con el fuego que nos carcomía por dentro cada vez que veíamos a aquellos uniformados de verde? Sencillo, pensó Libertad (y yo le leí los pensamientos), usaremos el amor como venganza.

El primer gringo con el que salió, quedó enamorado de inmediato cuando Libertad le mamó el miembro como nunca antes y se tragó su esperma como si fuera batido de marañón con leche evaporada. El pobre le puso casa y le compró un carro a Libertad. poco antes de que esta le dijera que se fuera a volar. No era una competencia propiamente dicha lo que teníamos Libertad y yo, que me llamo Victorio y que después de tantos esfuerzos, aún sigo sin poder tocar el acordeón, sin embargo, me encontraba en desventaja: yo era un tipo de lo más normal y, en cambio, Libertad era un tronco de hembra hecha a la medida de las obsesiones de cualquier gringo de cualquier época (hasta el mismo Benjamín Franklin hubiera caído redondo, y vaya si le cayeron los benjamines fránklines a mi amiguita, aunque en un principio el dinero no era el objetivo, sino solo romper corazones; pero, si me quieren dar plata, bienvenida sea, decía ella, que no negaba fuego ni dinero). Van siete corazones rotos, querido Victorio, y tú, ¿cuántos llevas? Creo que, a medias, tres. ¿Por qué dices que a medias? Pues, porque… ¡Te enamoras! No me enamoro, Libertad… ¡Sí, te enamoras!, eres un pendejo. No sé qué les ves a esas paliduchas. ¿Sabes lo que deberías hacer un día? Esto: se lo metes por el ano a alguna y, cuando se lo sacas, en los bordes de su recto rosadito le tatúas una escena del Chorrillo en llamas. Libertad, eso suena a realismo mágico: sabes que existen otros escritores aparte de Gabo, ¿no? Nada de realismo mágico, mi estimado, yo se lo hice a un gringo. No seas loca. Te lo juro, le metí un pipí de caucho por atrás y le hice el tatuaje, solo que, al final, sin pretenderlo lo liberé: el tipo salió del closet y se casó con el amor de su vida, un francotirador que había estado en la guerra del Golfo. Al contrario del francotirador, que supe que era muy bueno, me salió el tiro por la culata, pues la cuestión no era estar redimiendo a gringos reprimidos. Aunque fuera posible, yo no puedo hacer eso, me excusé. Eres un inútil, sentenció ella.

Yo no quería decirle la verdad: que me había enamorado perdidamente de una californiana que hablaba muy bien el español y cuyos padres habían protestado por la guerra de Vietnam y celebrado la firma de los tratados Torrijos Carter. Con esa gringa (nada pálida, por cierto, puesto que por ahí era de descendencia italiana, o española o francesa) tuve una relación de casi un año, llena de gozos y penas. Al final, nos dejamos por las mismas razones por las que cualquier pareja se deja: aburrimiento, celos, malentendidos, egos, etc., nada que ver con geopolítica. Tiramos la toalla, por pura casualidad, un 20 de diciembre a las once de la mañana, después de haber tenido, por primera y última vez, sexo anal, y solo porque ella me lo pidió. ¿Te duele?, le pregunté. Sí, un poco, respondió ella, pero no te preocupes, no me quería ir sin que lo hiciéramos. Iba a preguntar por qué, pero me quedé callado, callado y sudoroso y un poco atolondrado. Creo que está de más aclarar que no le tatué nada allí. Recuerdo que después de los gritos y el ardor, nos quedamos abrazados en silencio. Le regalé un disco de Victorio Vergara, a ella le encantaba bailar (o, más bien, hacer el intento de bailar) pindín, salsa, cumbia, merengue y, para mi desagrado, reguetón. Ella regresó a los *estéits* después de derramar varias lágrimas que me recordaron las que salían de los ojos de mi abuela cuando enterramos a mi tío después de que una bala USA le traspasó el tórax y los sueños. Y yo me quedé solo, como siempre, pero no para siempre.

Para ese entonces, Libertad y yo nos frecuentábamos poco, hasta que nos dejamos de ver completamente. Varios años después, me la encontré en el Registro Público. Yo iba a dejar el acta de defunción de mi abuela, que acababa de morir, y ella estaba allí para registrar el nacimiento de su segundo hijo, que llevaba en brazos y era una niña. El primer hijo colgaba de su mano y tenía en torno a cinco o seis años. De cabello rubio y ojos azules, hablaba un inglés de Barney y sus amigos. Josh, say hello to my friend, Victorio, please, dijo Libertad con dicción bastante mejorada. Hello, dijo Josh. No hicieron falta explicaciones. Libertad y yo nos miramos, nos encogimos de hombros y sonreímos como diciendo «así es la vida». La abracé para despedirme y le sobé la cabeza a la bebé, que dormía. Se llama Victoria, dijo Libertad. Exageré mi cara de sorpresa y asentí. Josh estaba correteando por entre las sillas del salón de espera. Dije: Nice meeting you, Josh. Él alzó la cabeza, me miró y siguió correteando. Al llegar a la puerta, me volteé y lo miré una vez más. Me correspondió con una sonrisa de oreja a oreja, como invitándome a que me quedara a jugar con él. En cada una de sus manitas sostenía un muñeco: uno era Rambo y el otro un G. I. Joe. El G. I. Joe tenía tatuado en el hombro una imagen que no pude distinguir. Un tatuaje del Chorrillo en llamas, me dio por pensar. No suspiré. Ni sacudí la cabeza, ni pensé en nada más.

Cuestión de fe.

Berly Nuñez Pitty

Una gota oscura cae. Retumban las cuatro paredes de barro. Toca la viga de tu lecho. Te sacude.

Escuchas los gritos de los pájaros. Crees tocar la tierra con tus manos como antes, cuando te llenabas las uñas de mugre, la grama te pinchaba la cabeza y pensabas en la casa blanca de las ventanas azules y una cocina gigante donde amasar suspiros. Sobre ti una alfombra rubia resplandece bajo los pies del guayacán que sembraste. Pero no puedes verlo porque el viento te hace daño.

Eres cenizas.

No siempre fuimos tan religiosos. Hasta los once años solo conocía la iglesia por los dibujitos pendejos que te enseñan los maestros cuando toca aprender el abecedario. I de Iglesia, repitan, I de Iglesia. Mi abuela era una católica común y corriente, de las que van a la iglesia una vez al año (si se acordaba y no la atacaba el dolor de la rodilla, siempre inoportuno), compran lotería, colocan incienso en las puertas y rezan de vez en cuando un padre nuestro y un ave maría. Mi tía era mormona porque le gustaban los gringos de la iglesia de la esquina, super elegantes y dueños de las camionetas (de esas que tienen la llanta atrás), que se paseaban cada domingo por la barriada. Nosotros, bueno, no éramos de ningún lugar.

No recuerdo cómo empezó. Tal vez un domingo mi papá decidió que ya se había comportado lo suficientemente mal y nos arrastró con él al culto. Esta iglesia era diferente. Ni siquiera tenía una cruz bajo la cual arrodillarse y pedir perdón de nada. Cantaban, bailaban, saltaban y aplaudían. Por momentos, el alboroto era tan grande que sentía que el edificio brincaba con ellos y yo me llevaba las manos a los oídos (arriesgándome a que me creyeran diabólica) porque estaba segura de que en cualquier momento mis tímpanos harían explosión.

A mi papá le encantó.

Comenzamos a asistir cada domingo. Nos levantábamos temprano y me obligaban a ponerme vestidos y faldas largas y yo, como ya había aprendido a orar, me echaba una oracioncita cuando salía de la casa, y otra para el camino de regreso, para que Dios no permitiera que me encontrara a nadie conocido en el camino.

Pero lo más difícil era el día de ayuno. Comenzaba a las siete de la noche de cada martes y terminaba el miércoles a la misma hora. Entre mirar el reloj, dormir, las maratones de Bob esponja y mirar el reloj nuevamente, se me pasaba el día, hasta que mi mamá sonaba sutilmente los platos y yo corría como loca a sentarme a la mesa.

Comenzaba a crecer en mí la idea de que Dios llegaría pronto, así que me sentaba a esperarlo en las tardes, mientras mis vecinos jugaban, y si alguno decidía venir a molestarme por mis benditas faldas, le sonreía y le pedía a Dios a lo bajito, que ya había llegado el día, que por favor bajara de una vez, después de todo ambos estaríamos de acuerdo que por uno o dos de esos malcriados no valía la pena esperar. Estaba tan segura de que me iría directito para el cielo, que cada vez que algún temblor decidía visitarnos, como tenían por costumbre, yo me regodeaba ante el pánico de todos y abría mis brazos en medio de la locura de la gente que se apretaba debajo de los marcos de las puertas, y me quedaba así, esperando que esta vez fuera el rapto, que ahora sí, que Jesús llegaría en una nube y me llevaría. Pero después de unos diez segundos, lo peor que pasaba era algún apagón y uno que otro vaso roto.

Fue en ese tiempo, de temblores y de ideas de rapto, cuando los pulmones decidieron no trabajar más. Ese día caminábamos por la acera, yo contando los sapos que iba esquivando en el camino, papá cantando una de las canciones de su nuevo casete, cuando mamá se detuvo de pronto. Papá seguía cantando…llama a ese hombre con fe, solo el abre el mar y yo iba por el número diez, cuando el once saltó, pasó por entre las ramas del árbol de marañón (nuestra parada) y fue a dar contra el bulto que habíamos dejado cinco líneas de acera atrás.

Mamá, con los brazos apoyados en el suelo, y la boca abierta, había estado tratando de llamarnos. Papá salió corriendo hacia ella, y a mí se me olvidaron los sapos, los cantos de papá, el último bus que no debíamos perder. Y que perdimos. A mamá se la llevaron al hospital ese día y papá se molestó conmigo, por egoísta, porque no fui capaz de tocarla antes de que se fuera.

Debe ser brujería, estoy segura, le decía tía María a mi abuela, nunca una persona se enferma de la nada. Pero si ella siempre ha sufrido de los pulmones. El diablo siempre va a tratar de separar a las familias cristianas. Además, lleva años sin ir al médico. Pero debemos tener fe, el diablo no podrá con nosotros.

Todos los días papá me traía noticias de mamá. Apenas escuchaba el ruido del carro desde mi cuarto, que parecía desarmarse con cada giro de las ruedas, salía corriendo a la ventana, y a través del cedazo polvoriento, veía a una sola persona bajarse, cada vez, uno solo.

Como mamá no mejoraba tía María llegó y tomó uno de los cuartos. Se levantaba temprano y hacía el desayuno, me llamaba a comer y me alistaba la maleta para ir a la escuela. Revisaba todas las noches que hubiera hecho la tarea y se sentaba a conversar con papá en el portal. Pero todos los días, cuando regresaba de clases, hacían falta cosas en mi cuarto. Al principio no lo noté, pero el día que no encontré mis pijamas favoritos, los grises de Mickey, me di cuenta que hacía falta mi libro de cuentos, mi almohada de Patricio y el perfume de Tinkerbell que me había comprado en navidad. Fui enojada con papá a reclamarle por mis cosas, y me explicaron, que hay programas que no se deben ver. Que el diablo nos manda mensajes pecaminosos en cada cosa, que Bob esponja y Patricio nos enseñan que ser afeminado está bien cuando en realidad va en contra de las enseñanzas de Dios y que con la brujería no se juega, ni siquiera la de los cuentos de hadas. De ahora en adelante debería tener más cuidado. El mundo es peligroso.

Como las oraciones de nosotros no nos estaban funcionando, fuimos a una iglesia, donde una profetisa. Nos tomamos de las manos y me alegré cuando ella comenzó a hablar cosas extrañas, porque papá me había explicado que esa era la lengua de Dios.

Claro que la veo como si estuviera aquí, decía, con cadenas pesadas que la atan de las manos y los pies a la cama. Es cosa del diablo. Pero ella se levanta. Rompe las cadenas. Dios la sana. La veo sonriendo en una casa blanca que Dios le promete a su familia. Una casa blanca con techos azules. Solo les pide que confíen. Si no se ha levantado todavía es porque no han confiado lo suficiente. Suelten sus temores, y oren con fe. Son ustedes los que tienen en sus manos que su persona querida regrese a casa. Solo es cuestión de fe.

No podía imaginarme a mamá rompiendo ninguna cadena porque siempre le pedía ayuda a papá para abrir cualquier cosa. Y no tenía claro cómo conseguiríamos una casa grande para nosotros solos. Siempre habíamos vivido en el anexo que nos consiguió mi abuela y cada vez que la visitábamos, le gritaba a papá que cuándo pensaba dejar de renunciar a sus trabajos, que cualquier día nos sacaría de ahí. Pero apenas papá se iba, ella se calmaba y me daba cinco dólares para mi merienda.

Así que no pude alegrarme tanto como los demás, cuando regresamos a casa y llamaron contando que mamá iba a estar bien, que Dios lo dijo.

Papá sacó los ahorros que tenía en la gaveta y me llamó. Hicimos un pacto. Habíamos visto en la tele, un montón de casos en donde gente muy enferma se sanaba porque le entregaba su fe a Dios. La fe de mi papá eran todos nuestros ahorros. El dinero con el que pagaríamos la luz, la escuela, el super del mes. Le pedimos a Dios, que nos trajera a mi mamá, que confiábamos. Esa noche soñé con la casa grande, con un perrito que la profeta no vio porque seguramente estaría en el patio jugando conmigo, con mi mamá horneando dulces y mi papá cantando en el baño y molestando a mamá por sus vestidos sin botones.

Al día siguiente cuando desperté, la casa estaba en silencio y solo una nota pegada en la pantalla de la tele se agitaba con premura.

Llamaron del hospital. Me fui con tu tía. No salgas de casa.

El pajarito en mi pecho comenzó a aletear sin descanso. Pero yo sabía lo que tenía que hacer. Corrí a mi cuarto, busqué debajo de la cama, saqué el convertible de la Barbie y *enrolladito* en un sobre encontré los 20 dólares que llevaba ahorrados para mi bicicleta. Había mentido. Papá entregó sus ahorros para que el pacto funcionara, pero yo no había tenido fe porque la seguía escondiendo donde no me la pudieran quitar. Las lágrimas empezaron a salir, y así, entre lágrimas y mocos, pedí perdón a Dios, que yo le daba todo, mis veinte dólares, la bicicleta que no llegué a comprar, que no volvería a escuchar la música ni los programas prohibidos cada vez que mi tía no anduviera por ahí. Que dejaría de olvidar regar el árbol de guayacán que mamá me pidió que cuidara para que cada verano tuviéramos el patio como en las películas de otoño. Y en ese arrebato de promesas escuché el ronroneo del auto apagarse al llegar. Las alas a mil por segundo.

Cierro los ojos.

Una ráfaga amarillenta arremete y se hunde en mis cabellos. Escarba mis ojeras. Remueve mis bolsillos. Rasca mi escote. Las hojas crujen y alborotan mis pensamientos. Por un instante, el pájaro se detiene.

Abro los ojos.

Enciendo el primer cigarro. La mano en el bolsillo arranca una promesa que he llevado ajada por diez años. Sueños infantiles que vuelan tenaces dando cachetadas a la cordura. Pero he cumplido mi parte. Que las casas de techos azules no se pueden cimentar solo con sueños, los árboles no crecen sin una mano que los riegue y los ahorros de una niña nunca han comprado milagros. Apago el cigarro.

El billete desgastado se escabulle de entre los dedos y se desliza por el patio. Arremete contra la cruz que nunca irguieron. Y ahí, tras los golpes del viento, se desvanece.